Hikari

作詞・作曲：Takahito Uchisawa

© Takahito Uchisawa

365 日をあなたと過ごせたら
思い通りにいかない日があっても
それすら「幸せ」と呼びたい

暗闇に慣れてしまわないで
悲しみにもう怯えないで
長い夜を越えて
散らばった涙を集めて

光に変えてゆくよ どんな暗闇も
夢見た未来が途切れないように
生まれる明日が眩しく光るよ
そこから僕が連れてゆく

あなたの歩幅に合わせて 2 人歩くだけで
愛おしさが溢れるよ
伸ばした手にあなたの温もり

流れ星 駆け出すペガサス
朝焼け 透明な空気
まわる時を越えて
重なったあなたとの毎日が
鮮やかに染まる

光の中で輝く七色の希望は
あなたが僕に教えてくれた
絶望の底に飲み込まれそうなら
いつだってあなたを連れてゆく

始まりと終わりが在る場所で
やっと巡り会えた
選んで 選ばれて あなたといる
一人じゃない

光に変えてゆくよ どんな暗闇も
夢見た未来が途切れないように
生まれる明日が眩しく光るよ
そこから僕が連れてゆく
いつだってあなたを連れてゆく

Hikari

作詞・作曲：Takahito Uchisawa

© Takahito Uchisawa

PIANO SOLO

Hikari

作詞・作曲：Takahito Uchisawa

© Takahito Uchisawa

PIANO & VOCAL

GVIDO

世界初 2画面電子ペーパー搭載 楽譜専用端末 グイド

大型2画面と反射の少ない電子ペーパーによって、見開きA3判サイズと一般的な紙の楽譜と同等に扱える上、厚さ6mm、重さ約660gという薄型軽量を実現しました。

紙の楽譜に近い感覚で約4,000曲(*1)を持ち運ぶ事が可能となり、簡単にページめくりができるように赤外線タッチスイッチを搭載、付属のペンを使って1つの楽譜に複数の書き込みができるので、指揮者や指導者、演奏会毎などで使い分ける事ができ、書き込みをGVIDOサービスに保存して、グループで共有する(*2)こともできます。

(*1) 1ファイルを1MBとして換算した場合　(*2) 2018年初頭サービス開始予定

詳しくはコチラ　テラダ・ミュージック・スコア株式会社
https://www.gvido.tokyo/ja

初期費用・月額会費無料！
1冊売れると120円以上が受け取れる！

「クリエイターズ スコア」とは、プリントオンデマンド技術を利用して、貴方がアレンジした楽譜を通常の楽譜商品と同様、全国の楽器店や書店にて販売できる会員システムです。
受注・生産・著作利用申請・納品・集金・広報を全て当社にて一括して行いますので、気軽に始めることができます!!

詳細はエントリーページへ!! ⇒

FAIRY inc.
http://www.fairysite.com

大好評発売中！ ピアノコード表を掲載した便利なクリヤーホルダーです。

ピアノコード・ホルダー

様々なシーンで活躍するA4クリアファイルに、コードの構成音が記された鍵盤を掲載し、ポップスなどで使用される様々なコードを感覚的に理解できる仕様となっています。カラーはパステル・ピンクでポップなデザインとなっており、ピアノ経験者のみならず、これからピアノを習う方や小さいお子様などへのプレゼントにも最適な一枚です！

色は弊社ホームページからご確認ください。http://www.fairysite.com

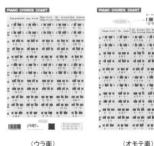

（ウラ面）　（オモテ面）

メーカー希望小売価格　1 枚（本体200円＋税）

● **FAIRY PIANO PIECE No.1530**　〈PIANO SOLO・PIANO&VOCAL〉

Hikari　作詞・作曲：Takahito Uchisawa

2018年8月31日初版発行　定価（本体600円＋税）

発行人　久保　貴靖　　　　　編曲　菊池　美奈子
編集人　水野　陽一郎・村田　みづき　　浄書　三好　駿

発行所　株式会社フェアリー
〒110-0004 東京都台東区下谷1-4-5 ルーナ・ファースト 4F
TEL 03-5830-7151　FAX 03-5830-7152
ホームページ URL http://www.fairysite.com/
© 2018 by FAIRY INC.　　printed in Japan

● 本誌の楽譜・歌詞及び記事の無断複製は固くお断わり致します。
● 造本には十分注意をしておりますが、万一落丁・乱丁等の不良品がありましたらお取り替え致します。

通信販売のお知らせ

当社の出版物は全国の有名楽器店・書店でお求めになれますが、お店での入手が困難な場合は以下の手順でお申し込みいただければ直接当社からお送り致します。
1. 電話（03-5830-7151）またはFAX（03-5830-7152）でご希望の商品の在庫をご確認、ご予約下さい。ホームページURL http://www.fairysite.com からもご予約いただけます。
2. ご希望の商品タイトル・本体価格・ご住所・お名前・お電話番号を明記し、本体価格＋税の合計に発送手数料（配送料を含む）380円を加えた金額を当社までご送金下さい。
入金が確認出来しだい商品を発送致します。
【送金方法】
(1) 巣鴨信用金庫・白山支店・普通 3000196　株式会社フェアリーへのお振り込み
(2) 郵便振替・口座番号 00120-2-726692　株式会社フェアリーへのお振り込み

JASRAC 出 1809744-80